BEI GRIN MACHT SICH IHR WISSEN BEZAHLT

AF126145

- Wir veröffentlichen Ihre Hausarbeit, Bachelor- und Masterarbeit

- Ihr eigenes eBook und Buch - weltweit in allen wichtigen Shops

- Verdienen Sie an jedem Verkauf

Jetzt bei www.GRIN.com hochladen und kostenlos publizieren

GRIN

Der strategische Wandel in der Gesundheits- und Medizintechnik AG. Bodo Müllers Änderungen im Change Management und in der Unternehmensethik

Tobias Schnizler

Bibliografische Information der Deutschen Nationalbibliothek:

Die Deutsche Nationalbibliothek verzeichnet diese Publikation in der Deutschen Nationalbibliografie; detaillierte bibliografische Daten sind im Internet über http://dnb.d-nb.de abrufbar.

ISBN: 9783346508348
Dieses Buch ist auch als E-Book erhältlich.

Druck und Bindung: Books on Demand GmbH, Norderstedt Germany
Gedruckt auf säurefreiem Papier aus verantwortungsvollen Quellen

Das vorliegende Werk wurde sorgfältig erarbeitet. Dennoch übernehmen Autoren und Verlag für die Richtigkeit von Angaben, Hinweisen, Links und Ratschlägen sowie eventuelle Druckfehler keine Haftung.

Das Buch bei GRIN: https://www.grin.com/document/1133632

Deutsche Hochschule für
Prävention und Gesundheitsmanagement

Einsendeaufgabe

Fachmodul:	Strategisches Management 2
Studiengang:	MBA Sportmanagement
Datum Präsenzphase:	21.06.2021 – 24.06.2021
Name, Vorname:	Schnizler, Tobias
Studienort:	**Köln**
Semester:	**WS 2020**

Inhaltsverzeichnis

1   BODO MÜLLERS PLAN... 3

1.1   Gründe für Wandel 3

1.2   Aspekte des Strategiewandels 3

1.3   Barrieren und Widerstände 4

2   CHANGE MANAGEMENT 5

2.1   Gründe für Scheitern..5

2.2   Veränderungen meistern...6

3   STRATEGIEIMPLEMENTIERUNG.. 8

3.1   Durchsetzung..8

3.2   Umsetzung 9

4   BALANCED SCORECARD 12

4.1   Ursache-Wirkungskette..12

4.2   Festlegung Ziele, Kennzahlen, Vorgaben und Maßnahmen 13

5   UNTERNEHMENSETHIK... 14

5.1   Praxisbeispiel...14

5.2   Unternehmenswerte..14

5.3   Wertebruch..15

5.4   Konsequenzen...15

6   LITERATURVERZEICHNIS 16

7   ABBILDUNGS- UND TABELLENVERZEICHNIS.. 18

7.1   Abbildungsverzeichnis..18

7.2   Tabellenverzeichnis 18

1 Bodo Müllers Plan

1.1 Gründe für Wandel

Im Folgenden werden drei Gründe genannt, die für den Wandel stehen, den Bodo Müller initiieren will.

Der erste Grund sind die Wachstumsraten, die aufgrund von geteilten politischen Meinungen einer weiteren Erhöhung der Gesundheitsausgaben, das schon hohe Ausgabenniveau im Segment medizinische Geräte, das niedrige BIP-Wachstum und das geringe Wachstum der Bevölkerung, niedrig sind.

Der zweite Grund sind die niedrigen staatlichen Finanzierungen der Krankenhäuser. Dadurch werden in den Krankenhäuser eher alte Geräte instandgehalten, als neue zu kaufen. Zudem werden Diskussionen über Gesundheitsreformen geführt, die die Investitionen in naher Zukunft eher unterdrücken.

Der dritte Grund ist die Verlagerung der Entscheidungen über die Anschaffungen von medizinischen Geräten, weg von den Krankenhausärzten, hin zu der Krankenhausadministration und den Einkaufsabteilungen.

1.2 Aspekte des Strategiewandels

Bodo Müller hat sich einen Plan überlegt, der den Strategiewandel der Gesundheits- und Medizintechnik AG vollziehen soll, um auch weiterhin erfolgreich zu sein.

Der erste Teil des Plans, hängt mit der Verlagerung der Kaufentscheidung zusammen. So soll das Marketing auf das C-Level (bspw. CEO, CFO und CIO) abgestimmt und kein Geld mehr in das Marketing für Krankenhausärzte investiert werden.

Zudem registriert Bodo Müller, dass die Gesundheits- und Medizintechnik AG ganzheitliche Lösungen anbieten muss, um die allgemeine Effizienz in Krankenhäusern zu steigern. Bisher galt die Firma auf dem Markt als technologie- und ingenieurorientiert, was so lange ideal war, solange die Kaufentscheidung von Krankenhausärzten getroffen wurde.

Der aber zunächst wichtigste Teil des Plans, ist es die Marketing-Vizepräsidenten (VPs) der sieben Produktlinien zu sensibilisieren und davon zu überzeugen, in das C-Level Marketing zu investieren.

1.3 Barrieren und Widerstände

Um den Strategiewandel eines Unternehmens erfolgreich umzusetzen, sollen Barrieren und Widerstände, die dem Wandel möglicherweise entgegenstehen könnten, frühzeitig erkannt und strategisch angegangen werden (Lauer, 2014, S. 47). Im Folgenden werden Barrieren und Widerstände aufgezeigt, die auf Bodo Müller zukommen können.

Ressourcen-Barriere:

Für die erfolgreiche Umsetzung seines initiierten Strategiewandels, benötigt Bodo Müller ausreichende Ressourcen. Hierfür erhofft er sich, dass die sieben VPs einen Teil ihres Marketingbudgets zur Verfügung stellen. Da Bodo Müller aber nicht weiß, ob und wie viel Geld er von den VPs erhält, kann es hier zu einer möglichen Barriere kommen. Letztendlich räumen die VPs kein Budget für den Wandel ein, womit der Plan zum Scheitern verurteilt ist.

Lustlosigkeit:

Die Lustlosigkeit ist ein nonverbales Symptom für Widerstand (Doppler & Lauterburg, 2014, S. 357), welches in Bodo Müllers Fall ersichtlich wird, indem nur die Hälfte der geladenen und bestätigten Teilnehmer zu seinem Kick-off-Meeting kommt. Bei denen, die erschienen sind hatte man schnell den Eindruck nur ungern dabei zu sein.

Widerspruch:

Widerspruch erfährt Bodo Müller beim nächsten Marketing-Board, als die VPs nun der Meinung sind, dass andere Themen Vorrang haben.

Angst vor Veränderung und Bequemlichkeit:

Da die Gesundheits- und Medizintechnik AG wirtschaftlich gut dasteht, könnten sich einige Mitarbeiter gegen Veränderung wehren. Da diese oftmals viel Arbeit und ungewissen Erfolg mit sich bringen, könnten die Mitarbeiter zu Bequem dafür sein.

2 Change Management

2.1 Gründe für Scheitern

Tab. 1: Das 8-Stufen-Modell von Kotter (Reisinger et al. 2013, S. 190)

Gründe für das Scheitern		Veränderung meistern
Zu viel Selbstgefälligkeit	Stufe 1	Wecken Sie ein Gefühl der Dringlichkeit
Fehlt eine ausreichend strake Erneuerungs- /Führungskoalition	Stufe 2	Stellen Sie ein starkes Leitungsteam zusammen
Die Kraft der Vision wird unterschätzt	Stufe 3	Entwickeln Sie eine klare Zielvorstellung und eine Strategie für die Veränderung
Mangelnde Kommunikation der Vision	Stufe 4	Kommunizieren Sie Ihre Vision, werben Sie um Verständnis und Akzeptanz
Zulassen, dass Hindernisse die neuen Vision blockieren	Stufe 5	Sichern Sie Handlungsfreiräume, befähigen Sie Mitarbeiter auf breiter Basis
Die Unfähigkeit, schnelle Erfolge zu erzielen	Stufe 6	Sorgen Sie für kurzfristige Erfolge
Zu früh den Sieg erklären	Stufe 7	Lassen Sie nicht nach, leiten Sie weitere Veränderungen ein
Kultur bleibt unverändert	Stufe 8	Entwickeln und verändern Sie eine neue Kultur (Verhaltensweisen)

Im Folgenden werden Gründe für das Scheitern Bodo Müllers im Bezug auf das in Tab. 1 dargestellte 8-Stufen-Modell von Kottern dargestellt.

Bodo Müller hatte zu viel Selbstgefälligkeit (Stufe 1). Er hat beim vierteljährlichen Marketing-Board klare und überzeugende Fakten und Zahlen präsentiert und konnte die VPs sachlich davon überzeugen, dass etwas verändert werden muss. Laut Kotter (2015, S.89) sollte eine dringende Notwendigkeit des Wandels aufgezeigt werden, was Bodo Müller bei den VPs nicht gelungen ist. Dass wurde deutlich als die Vizepräsidenten kein Marketing-Budget zur Verfügung stellen wollten. Dadurch kann angenommen werden, dass das Thema für sie keinen hohen Stellenwert einnahm.

Die nächste Stufe, die er nicht gemeistert hat, war das Fehlen einer ausreichend starken Führungskoalition (Stufe 2). Bodo Müller hat den Versuch unternommen eine Arbeitsgruppe ins Leben zu rufen. Zum von ihm organisierten Kick-off-Meeting kamen aber nur die Hälfte der eingeladenen Personen und die die da waren, waren nur ungern dabei.

Dadurch ist es ihm nicht gelungen eine starke Führungskoalition aufzubauen, die genügend Einfluss und Energie hat, um die Veränderung zu steuern und die Mitarbeiter dazu zu bringen als Team zusammen zu arbeiten (Kotter, 2015, S. 89).

Zudem wurde die Kraft der Vision unterschätzt (Stufe 3). Bodo Müller hat versucht die VPs mit Fakten, Zahlen und Daten zu überzeugen, hat ihnen aber keine klare Vision oder Strategie aufgezeigt. Visionen wirken sinnstiftend, motivierend und handlungsleitend (Müller-Stewens & Lechner, 2011, S. 225), was dabei hätte helfen können mehr Mitarbeiter zu 100 Prozent von seiner Idee zu überzeugen.

Die Stufe 4 von Kotters 8-Stufen-Modell, mangelnde Kommunikation der Visio, konnte er auch nicht meistern, da keine Vision entwickelt wurde.

2.2 Veränderungen meistern

Abb. 1: Die acht „Beschleuniger" nach Kotter (Kotter, 2015, S.88)

Im Folgenden wird erklärt, wie Bodo Müller den Strategie-Wandel hätte umsetzten können, dabei wird auf das in Abb. 1 abgebildete acht Beschleuniger Modell von Kotter Bezug genommen.

Zunächst hätte Bodo Müller auf oberster Hierarchieebene ein Gefühl der Dringlichkeit des Strategie-Wandels schaffen müssen, um die Manager auf seine Seite zu ziehen (Kotter, 2015, S. 89). Diese wiederrum erwecken dieses Gefühl bei ihren Mitarbeitern, womit der Wandel ins Rollen kommen kann.

Im zweiten Schritt, Aufbau und Pflege einer lenkenden Koalition, hätte Bodo Müller die Mehrzahl der VPs auf seine Seite ziehen müssen, um eine starke Führungskoalition zu schaffen. Dies hätte er unter umständen eher geschafft, wenn er auf die einzelnen Vizepräsident zu gegangen wäre, um ein Vier-Augen-Gespräch zu führen, anstatt Einladungen für ein Kick-off-Meeting an alle gleichzeitig zu senden. So hätten sie die Chancen und Probleme vollständig verstehen und mögliche Lösungen erarbeiten können (Kotter, 2015, S. 89).

Beim dritten Punkt, Formulierung einer strategischen Vision und Entwicklung von Change-Initiativen, hätte Bodo Müller, eine sinnstiftende, motivierende und handlungsleitende Vision für den Strategie-Wandel zu formulieren und einen Plan zu entwickeln, der die Umsetzung dieser Vision vorantreibt. Sie ist für die Koalitionsmitglieder ein Leitbild für den angestrebten Erfolg, gibt ihnen Orientierung und versorgt sie mit ausreichend Information, damit Entscheidungen schnell getroffen werden können (Kotter, 2015, S. 89-90).

Um nun Unterstützung und Freiwillige zu gewinnen, muss Bodo Müller die Vision und Strategie kommunizieren. Diese sind dann überzeugend, wenn sie ausdrücklich und ehrlich rübergebracht werden. Dies Kommunikation kann, wenn sie kreativ umgesetzt wird, sich schnell mündlich verbreiten (Kotter, 2015, S. 90).

Das Beseitigen von Hindernissen, um ein rasches Vorankommen zu ermöglichen, ist der nächste Schritt. Hier muss Bodo Müller möglichst alle Hindernisse identifizieren, die der Verwirklichung der Vision im Weg stehen und diese beseitigen. Um die Mitarbeiter einzubinden, kann er freiwillige Helfer damit beauftragen, sich mit der Lösung der identifizierten Hindernisse auseinanderzusetzen und diese innerhalb der Hierarchie zu implementieren (Kotter, 2015, S. 90-91).

Ein wichtiger Punkt, um die Motivation der Mitarbeiter hochzuhalten, ist das Zelebrieren von schnellen bedeutenden Erfolgen. Hier kann Bodo Müller alle erzielten Erfolge für alle beteiligten sichtbar machen und klar kommunizieren.

Er und die Mitarbeiter sollten sich aber nicht auf den schnelle Erfolgen ausruhen, sondern nicht nachlassen, stets weiter lernen und den Sieg nicht zu früh ausrufen. Dies gelingt, indem die Führungskoalition die Dringlichkeit der Veränderung weiter hochhält (Kotter, 2015, S. 91).

Als letzter Schritt soll der Strategische Wandel in die Unternehmenskultur institutionalisiert werden. So erhält dieser Einzug in die tägliche Unternehmensarbeit (Kotter, 2015, S. 91).

3 Strategieimplementierung

3.1 Durchsetzung

Bei der Phase der Durchsetzung stehen vor allem verhaltensbezogene Aufgaben im Vordergrund, welche den Anfang der Strategie Implementierung bilden. Dabei sind Folgende Maßnahmen Gegenstand der Durchsetzungsphase (Welge & Al-Laham, 2012a, S.807-809):

1. Vermittlung der Strategie
2. Einweisung und Schulung
3. Schaffung eines strategiebezogenen Konsenses.

Vermittlung der Strategie:
Um eine neue Strategie zu implementieren, reichen die Top-Manager eines Unternehmens allein nicht aus. Vielmehr sollten alle Mitarbeiter eines Unternehmen die Strategie verinnerlichen und ihre tägliche Arbeit so durchführen, dass der Erfolg der Strategie gesichert ist (Kaplan et al., 2001). Aus diesem Grund sollte die Gesundheits- und Medizintechnik AG und Bodo Müller im Besonderen dafür sorgen, das jedem Mitarbeiter die Ziele und wesentlichen Inhalte der Strategie nähergebracht werden.

Einweisung und Schulung:
Es ist bekannt, dass die Strategieimplementierung ein komplexer Wandlungsprozess ist, der angepasste Entscheidungsmuster und Handlungen von den Mitarbeitern und den Führungskräften voraussetzt (Welge & Al-Laham, 2012a, S. 808). Hier können Einweisungen und Schulungen helfen, sämtlichen Angestellten Unsicherheiten und Ungewissheiten

zu nehmen, um so die Bereitschaft und die Fähigkeit, die Strategie mitzutragen und umzusetzen, zu fördern (Welge & Al-Laham, 2012a, S. 808). Die Aufgabe der Gesundheits- und Medizintechnik AG ist es nun, solche Einweisungen und Schulungen zu planen und organisieren.

Schaffung eines strategiebezogenen Konsenses:
In einigen Fällen kommt es bei der Umsetzung einer Strategie zu Konflikten innerhalb einer und zwischen unterschiedlichen Hierarchieebenen. Bei einer nicht adäquaten Bewältigung solcher Konflikte kann es schnell zu einer Willensbarriere kommen, die zu einer Verzögerung oder, in extremen Fällen, zu einem Scheitern des Projektes führen (Welge & Al-Laham, 2012a, S. 809). Hier muss Bodo Müller Fingerspitzengefühl in Sachen Konfliktmanagement zeigen.

3.2 Umsetzung

Die Phase der Umsetzung umfasst sachorientierte Aufgaben und verfolgt das Ziel eines reibungslosen Ablaufes: „Hierzu zählen die strategiebezogene Ausrichtung der Erfolgsfaktoren, die Spezifikation der Strategien und die Formulierung von Maßnahmenprogrammen" (Corsten & Corsten, 2012, S. 209). Folgende Aufgaben sind in der Umsetzungsphase zu bearbeiten (Bamberger & Wrona, 2012, S. 476):

1. **Transformation** strategischer Entscheidungen bzw. Pläne in konkrete Aktionen,
2. **Anpassung** von Managementsystemen, Organisationsstrukturen und -prozessen, der Unternehmenskultur sowie des Personals und des Führungskräftepotentials an die formulierte Strategien,
3. **Motivierung und Mobilisierung** der Mitarbeiter sowie die Zusicherung der Unterstützung durch Akteure, die durch die Strategien betroffen sind.

Transformation:
Im Rahmen der Transformation überführt Bodo Müller die Strategischen Entscheidungen in konkrete Aktionen. Dazu gehört auch das Festlegen klar definierter Maßnahmen. Dies umfasst die Kosten- und Ressourcenschätzung, Festlegung von Verantwortlichkeiten, Konkretisierung von Anfangs- und Endzeitpunkten sowie die Formulierung nach Inhalt Ausmaß und Zeit definierten Zielen (Haake & Seiler, 2012, S. 129-138).

Dabei sollte Bodo Müller darauf achten Folgende Fehler zu vermeiden (Haake & Seiler, 2012, S. 117):

- Alles sofort erledigen wollen: Prioritäten sind genau abzuwägen und der Zeitpunkt der Umsetzung mit Bedacht festzulegen.

- Zu wenig Zeit eingeplant: es sollte ausreichend Zeit inklusive Zeitreserven eingeplant werden.

- Immer die gleichen Verantwortlichen: die Übertragung von Verantwortlichkeiten an die gleichen oder nur wenige Führungskräfte, kann zu Überforderung führen. Optimalerweise werden die Aufgaben auf mehrere Schultern verteilt.

Anpassung:

Bei der Anpassung kommt es zur Ausgestaltung der Organisationsstruktur, Unternehmenskultur und der Managementsysteme (Behnam et al., 2011, S. 165-173) sowie dem Verändern der Menschen (Venzin et al., 2010, S. 223-227). Zusammenfassend wird von der Anpassung der „Unternehmenspotentiale gesprochen (Welge & Al-Laham, 2012a, S. 795), welche im Folgenden für die Gesundheits- und Medizintechnik AG aufgeführt werden.

Unternehmenspotential „Organisationsstruktur":

Um den Strategie Wandel durchzuführen und sich der neuen Strategie anzupassen, muss die Gesundheits- und Medizintechnik AG ihre Strukturen verändern. Das heißt, das neben der Marketing-Strategie, auch die Organigramme und die dazugehörige Rollenbeschreibung neu definiert werden muss. Fragen, die sich das Unternehmen hierbei stellen muss, sind: welche Aufgaben sind hinzugekommen und werden notwendig? Wie flexibel soll die Organisation sein? Welche Aufgaben können von externen Mitarbeitern erledigt werden? Wie sollte die Entscheidungsfreiheit gestaltet werden? (Venzin et al., 2010, S. 223).

Unternehmenspotential „Unternehmenskultur":

Im Rahmen der Strategieimplementierung nimmt die Unternehmenskultur eine wichtige Rolle ein. Dabei ergibt das Verhalten der Unternehmensmitglieder den Kern bzw. die unsichtbare Basis einer Unternehmenskultur und steuert im Gegenzug ihr Verhalten (Sackmann, 2004, S. 24). Die Aufgabe der Gesundheits- und Medizintechnik AG ist es nun eine Ist-Soll Analyse durchzuführen. Dabei gilt es eine bestehende Ist-Kultur zu erfassen und mit einer, sich aus der Strategie ergebenden Soll-Kultur abzustimmen (Welge & Al-Laham, 2012a, S. 798-801).

Unternehmenspotential „Managementsysteme":

Die Informationen, die aus einem spezifisch ausgerichteten Managementsystem gewonnen werden können, dienen als wichtiges Instrument zur Unterstützung der Strategieimplementierung. Dies umfasst u. a. die Planungs- und Kontrollsysteme und die Informations- und Kommunikationssysteme (Bamberger & Wrona, 2012, S, 481-482). Um klare und verlässliche Informationen über den Stand und Fortschritt der Strategieimplementierung, in den sieben Teilbereichen der Gesundheits- und Medizintechnik AG zu erhalten, sind insbesondere die Planungs- und Informationssysteme dementsprechend aufzustellen (Welge & Al-Laham, 2012a, S.801).

Unternehmenspotential „Mitarbeiter und Führungskräfte":

Für die Umsetzung einer Strategie ist es unausweichlich, ein bestimmtes personelles Potential sowie spezifische Fähigkeiten der Mitarbeiter zur Verfügung zu haben (Welge & Al-Laham, 2012a, S. 804). Der Ist-Bestand der Gesundheits- und Medizintechnik AG liegt bei ca. 20.000 Mitarbeitern. Nun muss der notwendige Personalbedarf in quantitativer und qualitativer Hinsicht ermittelt werden und mit dem Ist-Bestand abgeglichen werden. Zudem kommt noch die Identifikation und Auswahl von Führungskräften, die über die nötigen Qualifikationen verfügen (Welge & Al-Laham, 2012a, S.804).

Motivierung und Mobilisierung der Mitarbeiter:

Da es in der Umsetzungsphase zu dem einen oder anderen „Durchhänger" kommen kann, spielt die Motivierung und Mobilisierung der Mitarbeiter eine wichtige Rolle. Verzögerungen, unbefriedigende Ergebnisse, unerwartete Probleme, Widerstände bei den Mitarbeitern oder Konflikte drücken auf die Motivation des Teams (Haake & Seiler, 2012, S. 125). Da ist es die Aufgabe von Bodo Müller, dafür zu sorgen, die Motivation des Teams hochzuhalten. Hierfür kann er verschiedene Implementierungstaktiken verwenden (Raps, 2004, S. 35-36):

- Überzeugungstaktik
- Interventionstaktik
- Erlasstaktik
- Partizipationstaktik

Laut Raps (2004, S.37) sind die Interventions- und die Partizipationstaktik am erfolgreichsten.

4 Balanced Scorecard

4.1 Ursache-Wirkungskette

Die Vision und die übergeordnete Unternehmensstrategie stellen den Ausgangspunkt der Entwicklungsarbeit dar. In einem nächsten Schritt werden nun Perspektiven ausgewählt, in einer Ursache-Wirkungskette aufgebaut und in einer Strategy Map dargestellt (Kaplan & Norton, 2004, S. 9). Folgende Abb. 2 zeigt die Ursache-Wirkungskette für die Gesundheits- und Medizintechnik AG. Als frei wählbare Perspektive wurde die Mitarbeiterperspektive gewählt.

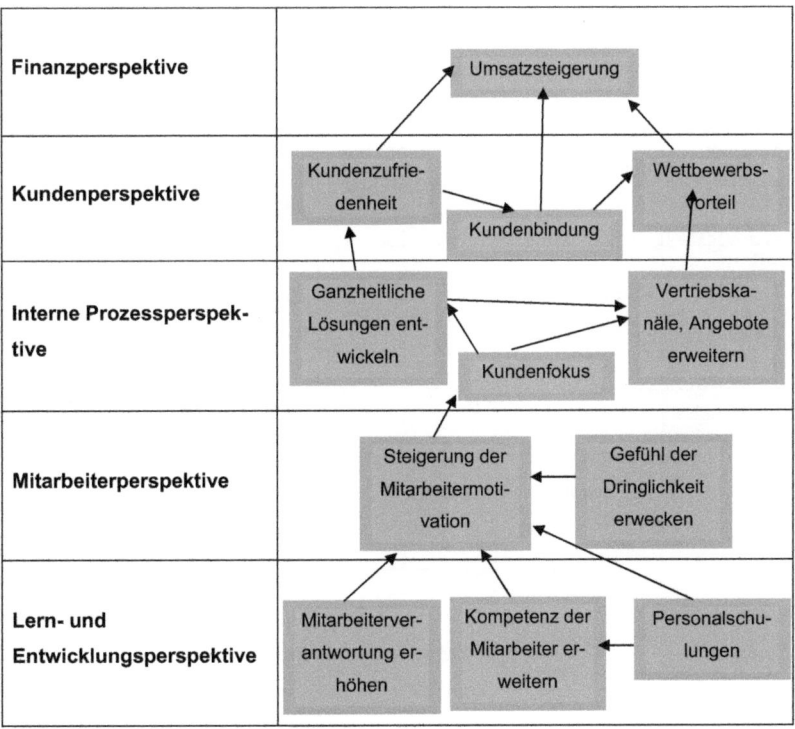

Abb. 2: Ursache-Wirkungskette (modifiziert nach Kerth et al., 2011, S. 247)

4.2 Festlegung Ziele, Kennzahlen, Vorgaben und Maßnahmen

In Tab.2 werden nun, basierend auf der in 4.1 dargestellten Ursache-Wirkungskette, Ziele, Kennzahlen, Vorgaben und Maßnahmen der Gesundheits- und Medizintechnik AG dargestellt.

Tab. 2: Ziele, Kennzahlen, Vorgaben und Maßnahmen (modifiziert nach Dillerup & Stoi, 2013, S. 387)

	Ziel	Kennzahl	Vorgabe	Maßnahme
Finanzper-spektive	Umsatzsteige-rung	Prozentuale Umsatzände-rung	Umsatz in den nächsten drei Jahren um 25% steigern	Umsetzung des C-Level Marketing
Kunden-perspek-tive	Kundenzufrieden-heit steigern	Prozentuale Änderung des Customer Sa-tisfaction Scor (CSAT)	CSAT im nächsten Jahr um 10% stei-gern	Ganzheitliche Lösungen ent-wickeln
Interne Prozess-perspek-tive	Kundenfokus er-höhen	Schnittstellen-befragungsin-dex	75 Index-punkte	Kundenorien-tierte Prozess-management einführen
Mitarbei-terper-spektive	Mitarbeitermotiva-tion steigern	Umfrageergeb-nisse	Mitarbeitermo-tivation im nächsten Jahr um 20% stei-gern	Verantwortung der Mitarbeiter erhöhen, Auf-stiegsmöglich-keiten bieten
Lern- und Entwick-lungsper-spektive	Kompetenz der Mitarbeiter erwei-tern	Schulungen pro Jahr	Pro Quartal eine Schulung	Planung und Organisation verschiedener Schulungen und Fortbildun-gen

5   Unternehmensethik

5.1 Praxisbeispiel

Im Folgenden wird der Sex Party Skandal von ERGO vorgestellt.

Genauer gesagt war die ERGO-Tochter Hamburg-Mannheimer International (HMI) in diesen Skandal verwickelt.

Es wurde für die besten 100 Vertriebsmitarbeiter eine dreitägige Reise nach Budapest organisiert. Für die Party wurde am 5. Juni 2007 die traditionsreiche Gellert-Therme gemietet, Telefone und Kameras waren strengstens verboten. Im Rahmen dieser Veranstaltung waren ca. 20 Prostituierte anwesend, welche farbige Armbänder trugen. Damen mit einem weißen Band waren für Führungskräfte und top Vertriebsmitarbeiter reserviert. Jeder der Mitarbeiter konnte mit einer der Damen auf eines der aufgestellten Betten gehen und mit ihnen tun, was sie wollten. Im Anschluss an ein solches treffen wurden die Unterarme der Prostituierten abgestempelt, womit für die Teilnehmer ersichtlich war, wie oft diese „frequentiert" wurde (Iwersen, 2011).

Der Hauptgrund für die öffentliche Beachtung waren die Reisekosten in Höhe von 83.000 Euro, welche als Betriebsausgaben erfasst und steuerlich verrechnet wurden (WeltN24, 2011).

5.2 Unternehmenswerte

Auf der Unternehmens eigenen Homepage hat ERGO einen, zuletzt im Februar 2018 aktualisierten, Verhaltenskodex für die Öffentlichkeit zugänglich bereitgestellt. Aus diesem Verhaltenskodex lassen sich Folgende übergeordnete Unternehmenswerte ableiten (ERGO, 2018):

- Unser Anspruch ist exzellentes Risikomanagement und aktive Risikosteuerung
- Wir orientieren unser Handeln am Bedarf unserer Kunden und Vertriebspartner
- Wir steuern unsere Gruppe diszipliniert und werteorientiert
- Wir nutzen das Führungspotenzial und Wissen der Gruppe
- Mit verantwortlichem Handeln schaffen wir nachhaltig Wert für unsere Kunden und Geschäftspartner, Mitarbeiter, Aktionäre und die Gesellschaft

5.3 Wertebruch

Welche Unternehmenswerte zur Zeit des Skandals gültig waren ist nicht mehr nachzuvollziehen, dass ERGO bzw. HMI aber moralische Grenzen überschritten hat, ist klar. Die Frankfurter Allgemeine (2011) schrieb in einem Artikel, dass aufgrund der Sex Party der Verhaltenskodex für Mitarbeiter und selbstständige Handelsvertreter verschärft wurde. Zudem gibt es Vorgaben für künftige Ausflüge zur Belohnung und Motivation der Mitarbeiter, damit sich so etwas nicht wiederholt.

5.4 Konsequenzen

Die ERGO Versicherungsgruppe hatte durch das nicht-wertekonforme Verhalten mit Folgenden Konsequenzen zu kämpfen:

Interne Stakeholder:

- Der Ruf des Unternehmen wurde beschädigt (ntv, 2012)
- Massiver Stellenabbau von 2008 bis 2010 (Frankfurter Rundschau, 2012)

Externe Stakeholder:

- Jürgen Klopp distanziert sich vom Unternehmen und löst seinen Werbevertrag auf (Welt, 2011)
- 170.940 weniger Verträge als eine Jahr zuvor (Handelsblatt, 2014)

6   Literaturverzeichnis

Bamberger, I. & Wrona, T. (2012b). *Strategische Unternehmensführung. Strategien, Systeme, Methoden, Prozesse* (Vahlens Handbücher der Wirtschafts- und Sozialwissenschaften, 2. Aufl.). München: Vahlen.

Behnam, M., Gilbert, D. U. & Kreikebaum, H. (2011). *Strategisches Management* (7., vollst. Überarb. Aufl.). Stuttgart: Kohlhammer.

Corsten, H. & Corsten, M. (2012). *Einführung in das strategische Management* (Bd. 8487). Konstanz: UVK Universitätsverlag.

Dillerup, R. & Stoi, R. (2013b). *Unternehmensführung* (4. Aufl). München: Vahlen, Franz.

Doppler, K. & Lauterburg, C. (2014). *Change Management. Den Unternehmenswandel gestalten* (13., aktual. und erw. Ausg.). Frankfurt am Main: Campus

Ergo. (2018). *Verhaltenskodex – Munich Re (Gruppe)*. Zugriff am 20.07.2021. Verfügbar unter: ERGO-Verhaltenskodex-DE.pdf

Frankfurter Allgemeine. (2011). *Ergo verschärft Verhaltensregeln nach Sex-Skandal*. Zugriff am 20.07.2021. Verfügbar unter: http://www.faz.net/aktuell/wirtschaft/unternehmen/versicherungsmitarbeiter-ergo-verschaerft-verhaltensregeln-nach-sex-skandal-17205.html

Frankfurter Rundschau. (2012). Ergo streicht bis zu 1350 Stellen im Vertrieb. Zugriff am 20.07.2021. Verfügbar unter: http://www.fr.de/wirtschaft/ergo-streicht-bis-zu-1350-stellen-im-vertrieb-a-829419

Haake, K. & Seiler, W. (2012). *Strategie-Workshop. In fünf Schritten zur erfolgreichen Unternehmensstrategie* (2., überarb. und aktual. Aufl). Stuttgart: Schäffer-Poeschel.

Handelsblatt. (2014). *Chronik des Ergo-Skandals*. Zugriff am 20.07.2021. Verfügbar unter: http://www.handelsblatt.com/finanzen/banken-versicherungen/versicherer-ergo-verzeichnet-massive-einbrueche-bei-marktanteilen/13603678-4.html

Iwersen, S. (2011). *„Mordsspaß" mit Prostituierten für die Truppe von Herrn Kaiser*. Zugriff am 20.07.2021. Verfügbar unter: https://www.handelsblatt.com/finanzen/banken-versicherungen/versicherer/sexskandal-bei-ergo-mordsspass-mit-prostituierten-fuer-die-truppe-von-herrn-kaiser-/4193282.html

Kaplan, R. S. & Norton, D. P. (2004). *Strategy maps. Der Weg von immateriellen Werten zum materiellen Erfolg.* Stuttgart: Schäffer-Poeschel.

Kaplan, R. S., Norton, D. P. & Horváth, P. (2001). *Die strategiefokussierte Organisation. Führen mit der balanced scorecard.* Stuttgart: Schäffer-Poeschel.

16

Kerth, K., Asum, H. & Strich, V. (2011). *Die besten Strategietools in der Praxis. Welche Werkzeuge brauche ich wann? Wie wende ich sie an? Wo liegen die Grenzen?* (5., erw. Aufl.). München: Hanser.

Kotter, J. P. (2015). *Die Kraft der zwei Systeme. Harvard Business Manager* (Speziel), (S. 80-93).

Lauer, T. (2014). *Grundlagen und Erfolgsfaktoren.* (2., Aufl.). Berlin: Springer.

Müller-Stewens, G. & Lechner, C. (2011). *Strategisches Management. Wie strategische Initiativen zum Wandel führen* (4., überarbeitete Auflage). Stuttgart: Schäffer-Peoschel

Ntv. (2012). *Rufschädigung wegen Ergo-Lustreisen.* Zugriff am 20.07.2021. Verfügbar unter: http://www.n-tv.de/wirtschaft/Fondsmanager-will-eine-Milliarde-article6455431.html

Raps, A. (2004). *Erfolgsfaktoren der Strategieimplementierung. Konzeption und Instrumente* (2., aktualisierte Aufl). Wiesbaden: Dt. Univ.-Verl.

Reisinger, S., Gattringer, R. & Strehl, F. (2013). *Strategisches Management. Grundlagen fürs Studium und Praxis.* München: Pearson.

Sackmann, S. A. (2004). *Erfolgsfaktoren Unternehmenskultur. Mit Kulturbewusstem Management Unternehmensziele erreichen und Identifikation schaffen; 6 Best-practice-Beispiele* (1. Aufl.). Wiesbaden: Gabler

Venzin, M., Rasner, C. & Mahnke, V. (2010). *Der Strategieprozess. Praxishandbuch zur Umsetzung im Unternehmen* (2., erw. Aufl.). Frankfurt am Main [u.a.]: CampusVerl

Welge, M. K. & Al-Laham, A. (2012). *Strategisches management. Grundlagen – prozessimplementierung.* [S.I.]: Gabler.

WeltN24. (2011). *Munich Re entsetzt über Sex-Party bei Ergo-Tochter.* Zugriff am 20.07.2021. Verfügbar unter: https://www.welt.de/wirtschaft/article13404750/Munich-Re-entsetzt-ueber-Sex-Party-bei-Ergo-Tochter.html

Welt. (2011). *Sex-Party – Jürgen Klopp distanziert sich von Ergo.* Zugriff am 20.07.2021. Verfügbar unter: https://www.welt.de/wirtschaft/article13390680/Sex-Party-Juergen-Klopp-distanziert-sich-von-Ergo.html

7   Abbildungs- und Tabellenverzeichnis

7.1   Abbildungsverzeichnis

Abb. 1: Die acht „Beschleuniger" nach Kotter (Kotter, 2015, S.88).............................. 6

Abb. 2: Ursache-Wirkungskette (modifiziert nach Kerth et al., 2011, S. 247).............. 12

7.2   Tabellenverzeichnis

Tab. 1: Das 8-Stufen-Modell von Kotter (Reisinger et al. 2013, S. 190)....................... 5

Tab. 2: Ziele, Kennzahlen, Vorgaben und Maßnahmen (modifiziert nach Dillerup &
Stoi, 2013, S. 387) 13

BEI GRIN MACHT SICH IHR WISSEN BEZAHLT

- Wir veröffentlichen Ihre Hausarbeit, Bachelor- und Masterarbeit

- Ihr eigenes eBook und Buch - weltweit in allen wichtigen Shops

- Verdienen Sie an jedem Verkauf

Jetzt bei www.GRIN.com hochladen und kostenlos publizieren